LA FRANCE racontée aux enfants

W0355876

Stalactites et stalagmites

LA petite BOÎTE

CHAPITRE 1

CHAPITRE 2

CHAPITRE 3

À TOI DE JOUER !

UNE AVENTURE SOUTERRAINE

D'étonnants trésors se cachent sous la terre ! Au fond des grottes et des gouffres, la nature a créé d'extraordinaires sculptures de pierre. Comment se sont-elles formées ? L'histoire commence il y a des millions d'années...

Le monde des grottes

Longtemps, les grottes et les gouffres ont fait l'objet de légendes plus ou moins effrayantes ! Leur exploration systématique commence au 19e siècle. Et chacune de ces cavités* est unique. Sur les parois de certaines grottes, des hommes préhistoriques ont créé des dessins. Ce sont des grottes dites « ornées ». D'autres renferment de magnifiques sculptures naturelles en pierre appelées concrétions. Ce sont les cavités dites « à cristallisation ».

* Les mots surlignés sont expliqués page 24.

Les gouffres sont des cavités verticales. Plusieurs, comme celui-ci, à Proumeyssac, ou celui de Padirac, étaient appelés « Trou du diable ». Les habitants croyaient en voir sortir des flammes ou de la fumée !

Les grottes sont des cavités horizontales. Certaines, comme celle de Villars, sont à la fois ornées et à cristallisation !

La formation d'une grotte

Les cavités se forment en général dans des terrains composés de roche calcaire. Il y a des millions d'années, la mer s'étendait sur de vastes territoires.
Petit à petit, du sable, de la vase, des algues, des squelettes d'animaux s'accumulent au fond de l'eau, formant le calcaire. Lorsque les montagnes se soulèvent, la mer se retire et les couches de calcaire apparaissent à l'air libre.

Ces mouvements fragilisent la roche, qui se fissure.
L'eau de pluie s'infiltre dans le sol et creuse le calcaire, ce qui crée les cavités naturelles.

1 L'eau de pluie contient du **gaz carbonique** *(ou CO_2) capté dans l'air, qui pénètre dans la terre en traversant le sol.*

2 Chargée de gaz, l'eau devenue acide dissout le calcaire en s'infiltrant dans les fissures qui s'élargissent.

3 L'eau s'engouffre ensuite dans ces passages, jusqu'à former parfois des rivières souterraines. Elle creuse des galeries, qui provoquent des effondrements de roches sous terre : ainsi se créent les salles et les puits.

4 Les gouffres, ou avens, sont souvent le résultat d'un effondrement du sol au-dessus d'une salle souterraine.

Une déco de pierre

L'eau ne fait pas que creuser ! Après avoir détruit la roche, elle fabrique des sculptures de pierre, les concrétions. Comment ? Chargée en gaz carbonique, l'eau se remplit de calcaire dissous, la calcite. Une fois arrivé dans la grotte, le gaz carbonique s'échappe au contact de l'air. La goutte d'eau libère alors la calcite qui s'accumule petit à petit et se solidifie, formant des concrétions. Selon le trajet de l'eau, la calcite se dépose en divers endroits de la grotte et façonne des formes extraordinairement variées !

*Les stalactites et les stalagmites sont des concrétions verticales. Pour te rappeler la différence entre les deux, pense que la stalactite « **tombe** » et que la stalagmite « **monte** » !*

Très longtemps ! En un an, ces concrétions n'augmentent que de 0,5 à 2 millimètres, selon la quantité d'eau de pluie, la quantité de gaz carbonique, la température... Les gouttes d'eau arrivant à un même endroit du plafond de la grotte créent peu à peu une stalactite. Celles qui arrivent à un même endroit du sol forment lentement une stalagmite. Quand une stalactite et une stalagmite se rejoignent, elles forment une colonne. Pour cela, il faut des milliers d'années !

AU PAYS DES CONCRÉTIONS

Toutes les concrétions ne sont pas verticales ! Certaines ont des formes très surprenantes...

❶ *Les draperies ressemblent à du tissu ondulé. Fines et* ***translucides****, elles se forment quand l'eau s'écoule le long d'une paroi oblique.*

❷ *Les fistuleuses sont creuses comme des pailles ! Quand l'eau coule très lentement, chaque goutte dépose, avant de tomber, un anneau de calcite qui se place immédiatement sous le précédent : cela forme un tube.*

❸ *Les excentriques ont des formes bizarres : elles partent dans plusieurs directions ! Cela vient des interruptions de l'écoulement de l'eau et de la présence d'impuretés.*

❹ *Les gours sont des bassins, petits ou grands. Leurs murs naissent de l'****évaporation*** *de flaques d'eau sur le sol.*

❺ *Les triangles se forment dans un gour dont l'eau est très calme.*

❻ *Les perles des cavernes, de forme ronde, sont très rares. L'eau dépose la calcite autour d'un minuscule grain de roche, présent dans un bassin, en le faisant tourner sur lui-même !*

CHAPITRE 2

AU CŒUR DES GROTTES

La France compte de nombreuses cavités à concrétions où t'attendent de fabuleux spectacles ! Elles abritent aussi de drôles d'habitants...

Une incroyable richesse

La France compte plus de 100 000 grottes et gouffres ! À l'ère secondaire, qui a débuté il y a 200 millions d'années, une grande partie de son territoire était couverte d'une mer chaude, peuplée de coquillages et de coraux. Leur décomposition a contribué à former le calcaire. La plupart des cavités se trouvent dans le sud de la France, en bordure du Massif central, dans les Alpes et les Pyrénées. Mais il y en a dans le Jura, le Val de Loire, en Bourgogne... Beaucoup sont trop fragiles pour être ouvertes au public, mais certaines peuvent être visitées. En route !

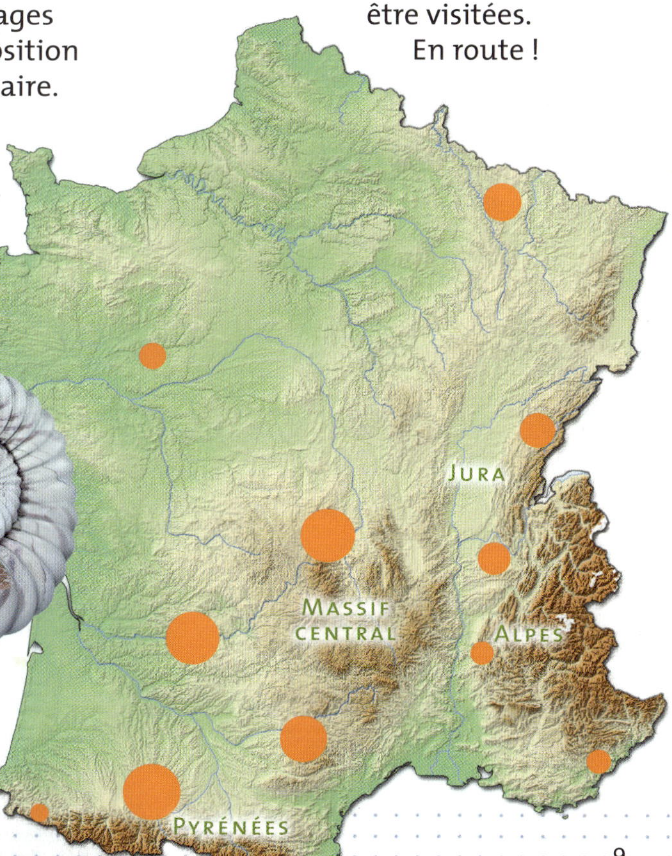

Les ammonites sont des coquillages qui vivaient à l'ère secondaire, comme les dinosaures.

Des grottes…

Les grottes de Maxange

Découvertes en 2000, elles renferment une profusion d'excentriques dont les bouquets étincelants tapissent les plafonds et les parois.

La grotte de la Cocalière

Des concrétions délicates et insolites se reflètent dans l'eau bleutée des gours. Tu y verras une perle des cavernes en formation !

La grotte du Grand Roc

Elle abrite une somptueuse forêt de pierre faite de concrétions extraordinairement nombreuses et variées.

Les grottes de Lacave

Le voyage commence en petit train ! Dans la salle des Merveilles, de brillantes concrétions en formation émergent de l'obscurité.

La grotte de Villars

Un décor féerique de concrétions impressionnantes ou d'une incroyable finesse. Il y a plus de 19 000 ans, des hommes préhistoriques y ont peint des animaux et une exceptionnelle figure humaine.

et des gouffres

Le gouffre de Padirac

Profond de 75 mètres, on y navigue sur une rivière souterraine parmi des paysages magiques, ponctués de lacs. La salle du Grand Dôme, haute de 94 mètres, offre un magnifique festival de concrétions.

Le gouffre de La Fage

Des concrétions aux surnoms étonnants : le petit éléphant, la mariée, le Père Noël, la tortue, le grand sage ! La voûte étincelante de la salle des Merveilles abrite un cimetière d'animaux préhistoriques.

Le gouffre de Proumeyssac

À 50 mètres sous terre, une voûte monumentale aux parois couvertes d'une multitude de concrétions vaut à ce gouffre le surnom de « cathédrale de cristal » !

D'INCROYABLES SCULPTURES

Certaines concrétions présentes dans les grottes françaises sont uniques au monde !

❶ La Forêt vierge de l'aven Armand se compose de 400 stalagmites, dont la plus grande connue au monde : elle mesure 30 mètres.

❷ Les fistuleuses de la grotte Amélineau, dont plusieurs mesurent 4 mètres, forment un gigantesque rideau. Certaines se sont détachées du plafond et sont comme plantées dans le sol !

❸ Les champignons de la grotte de Lauzinas sont exceptionnels par leur forme parfaite et leur taille : 1,25 mètre !

❹ Les excentriques du réseau du Rautely sont naturellement colorées en bleu, celles de ❺ l'aven du mont Marcou en vert émeraude.

❻ La Grande Pendeloque du gouffre de Padirac est une stalactite géante. Haute de 60 mètres, elle est comme suspendue à un fil au-dessus du lac de la Pluie.

Une adaptation réussie !

Pour vivre, les animaux ont besoin de lumière et de nourriture. Mais certains réussissent à vivre au fond des cavités souterraines ! Le niphargus est une crevette translucide. Ses yeux, inutiles dans l'obscurité, ont presque disparu, mais il détecte le moindre mouvement grâce à ses antennes. Il peut rester un an sans manger !

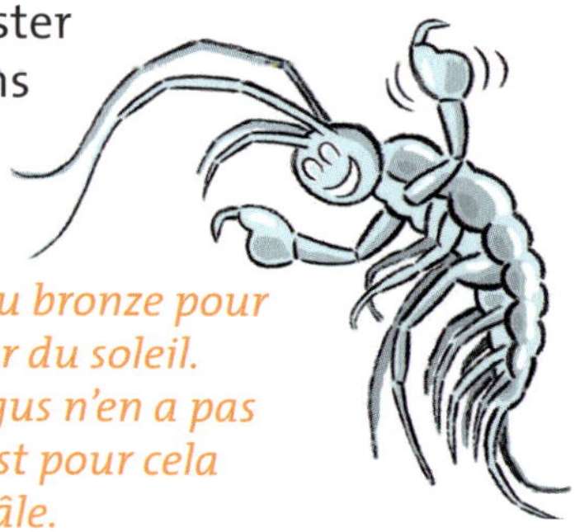

Notre peau bronze pour se protéger du soleil. Le niphargus n'en a pas besoin, c'est pour cela qu'il est pâle.

La bythinelle de Padirac est un minuscule escargot aquatique qui peut survivre plusieurs jours hors de l'eau. Le niphargus et la bythinelle se nourrissent de débris apportés par l'eau de pluie ou par les chauves-souris et les insectes. Malin !

La bythinelle de Padirac n'existe qu'à Padirac.

Des animaux préhistoriques

Des mammouths, des rhinocéros laineux, des lions et des ours des cavernes ont occupé certaines grottes. Parfois, ils sont tombés au fond des gouffres. On connaît ces espèces aujourd'hui disparues grâce aux ossements retrouvés sous terre et aux empreintes qu'ils ont laissées, comme des griffures sur les parois. Mais aussi grâce aux dessins et gravures qu'ils ont inspirés aux hommes préhistoriques !

L'ours des cavernes passait l'hiver à demi endormi dans les grottes. Les plus faibles y mouraient, d'où les nombreux ossements qu'on a retrouvés.

CHAUVE QUI PEUT !

De nombreuses espèces de chauves-souris peuplent les cavités souterraines. Pars à la rencontre de cet animal étonnant !

Ni chauve, ni souris

La chauve-souris est un petit mammifère volant et poilu. Pendant la journée, elle vit dans la grotte. Accrochée par ses pattes de derrière, elle dort la tête en bas. La nuit, elle sort pour se nourrir. Parmi les espèces de chauves-souris, l'oreillard doit son nom à ses grandes oreilles !

Une naissance renversante !

Chez les oreillards, la femelle s'accouple à l'automne et s'installe dans une grotte pour passer l'hiver. Quand le bébé s'apprête à naître, elle suspend ses quatre pattes au plafond et déploie son corps : entre ses pattes arrière et sa queue apparaît un petit tapis. Quand le bébé arrive, il est sûr de ne pas tomber !

À l'attaque !

La chauve-souris est une redoutable chasseuse. Traquant ses proies dans l'obscurité, elle n'utilise pas ses yeux. Elle émet des ultrasons ! Ceux-ci se répercutent sur les parois et les objets situés à proximité. Leur écho parvient aux oreilles de la chauve-souris. Hop, une sauterelle est repérée ! Dès que la chauve-souris a localisé sa proie, elle l'engloutit.

Une réputation injustifiée

D'affreuses légendes circulent sur les chauves-souris. On dit qu'elles s'accrochent aux cheveux et qu'elles sucent le sang des humains. Certaines s'appellent d'ailleurs des vampires ! Mais tout cela est faux ! Les chauves-souris ne sont pas agressives et elles sont très utiles à l'équilibre de la nature. Il est donc important de les protéger.

CHAPITRE 3

PASSION SPÉLÉOLOGIE

Serge Letourneur, ancien président du Spéléo Club de Périgueux, pratique la spéléologie : l'exploration des grottes et des galeries souterraines. Suis-le à la découverte de cette activité passionnante...

Qu'est-ce que la spéléologie ?

C'est l'exploration et l'étude des cavités naturelles. Elle est née en France il y a plus d'un siècle, en 1888 !

La spéléologie, c'est un sport, une passion ou une science ?

C'est un peu les trois à la fois. Pour faire de la spéléologie, il faut être passionné par les grottes bien sûr, mais aussi en très bonne forme physique.

Les spéléologues sont aussi très curieux de nature. Certains pratiquent cette activité comme un loisir, d'autres dans un but scientifique. Tous ont en commun une profonde envie de découverte. Moi, je pratique la spéléologie pour découvrir et explorer de nouvelles grottes, afin de communiquer mes découvertes aux scientifiques : les géologues, qui étudient les roches et le sol, ou les biologistes qui s'intéressent aux animaux qui peuplent les grottes.

Comment faites-vous pour découvrir une nouvelle grotte ?

Il faut bien observer la nature et en particulier le sol. Par exemple, les roches calcaires sont des terrains favorables à la formation des grottes. La présence de certains trous au sol peut indiquer l'existence de cavernes souterraines. Et les sources d'eau proviennent parfois d'une grotte. Il suffit alors de remonter la piste. J'ai eu la chance de découvrir trois cavités. Dans l'une, il y avait une défense de mammouth !

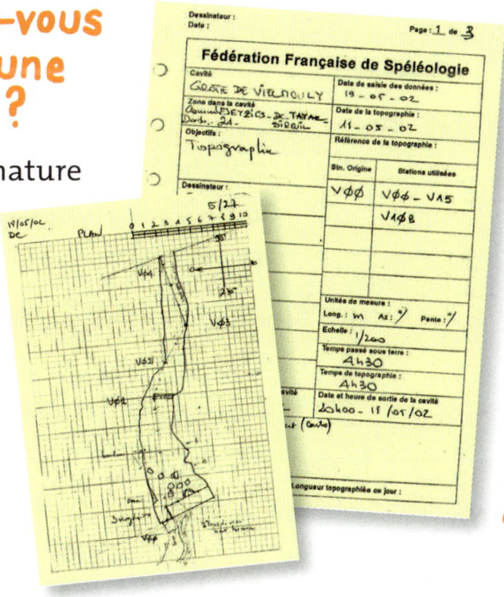

Certains spéléologues réalisent des feuilles topographiques et des relevés d'exploration.

La spéléologie, c'est dangereux ?

Des accidents sont toujours possibles. Pour les éviter, il y a des règles à respecter. Tout d'abord, il ne faut jamais partir seul, même si on est un adulte. Et toujours prévenir d'autres personnes de son départ. S'il pleut, on remet la visite à plus tard : l'eau peut monter très vite dans certaines grottes !

Quel est l'équipement d'un spéléologue ?

Avant tout, il faut penser à l'éclairage. Les grottes sont très obscures ! Ensuite, mieux vaut porter un casque et de bonnes chaussures. Pour explorer les zones difficilement accessibles, nous utilisons des cordes et une échelle de spéléologue. C'est sportif !

À TOI DE JOUER !

QUIZ !

1 Les gouffres sont :
- **A** des cavités horizontales.
- **B** des cavités inaccessibles.
- **C** des cavités verticales.

2 Les sculptures de pierre présentes dans les grottes sont :
- **A** des concrétisations.
- **B** des complexions.
- **C** des concrétions.

3 Les grottes et les gouffres se trouvent principalement dans les terrains :
- **A** calcaires.
- **B** argileux.
- **C** granitiques.

4 La calcite est :
- **A** du calcaire poreux.
- **B** du calcaire dissous.
- **C** du calcaire noir.

5 Les fistuleuses ressemblent à :
- **A** du tissu ondulé.
- **B** des perles.
- **C** des pailles.

6 Le gouffre de Padirac se visite en partie :
- **A** en petit train.
- **B** en barque.
- **C** en montgolfière.

7 Il y a des peintures préhistoriques dans :
- **A** la grotte de Villars.
- **B** le gouffre de Proumeyssac.
- **C** la grotte de Lacave.

8 Les chauves-souris sont :
- **A** des oiseaux.
- **B** des mammifères.
- **C** des reptiles.

9 La bythinelle de Padirac est :
- **A** une chauve-souris.
- **B** une crevette.
- **C** un escargot.

10 La spéléologie est :
- **A** l'étude des animaux des cavernes.
- **B** l'exploration et l'étude des cavités naturelles.
- **C** l'étude des roches.

SOLUTIONS : voir page 24.

ÉNIGMES

Au fond de la grotte !

JEU 1

Combien y a-t-il de chauves-souris sur cette page ? **COMPTE-LES !**

JEU 2

DÉCHIFFRE ce que dit ce spéléologue en te servant du code.

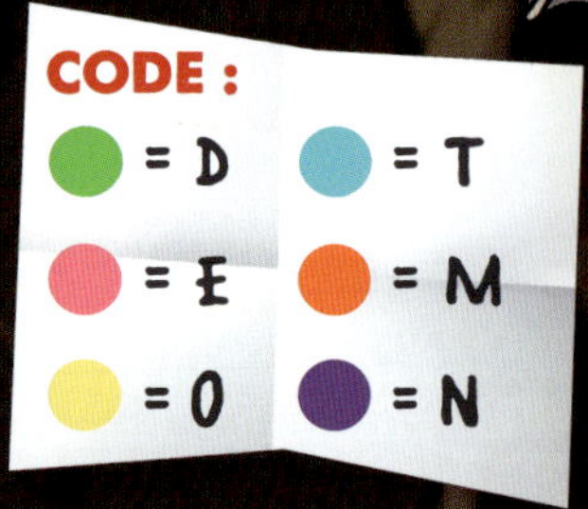

JEU 3

Le spéléologue s'est perdu dans la grotte. **AIDE-LE** à retrouver son chemin en respectant l'ordre suivant :

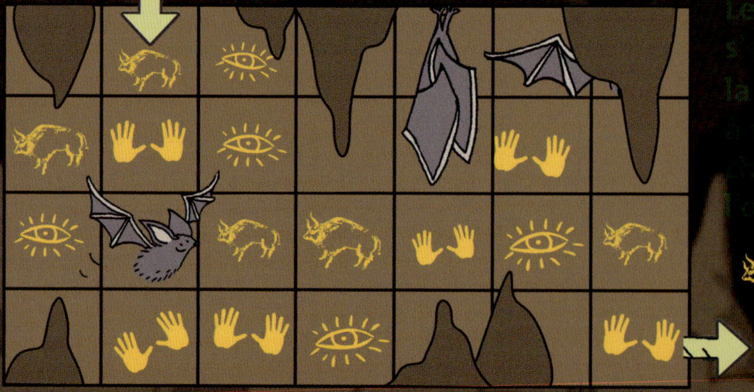

JEU 4

REMETS ces syllabes dans l'ordre pour découvrir l'autre nom des fistuleuses :

NIS CA RO MA

Fais de même pour découvrir l'autre nom des gours :

ERS NI BE TI

JEU 5

Comment s'appelle la plus petite chauve-souris d'Europe, qui est aussi la plus répandue en France ?
Pour le savoir, **REMPLIS** la grille avec les noms de ces espèces de chauves-souris :

PETIT MURIN – GRAND MURIN
MURIN A MOUSTACHES
PETIT RHINOLOPHE
GRAND RHINOLOPHE – NOCTULE
OREILLARD – MINIOPTERE
MOLOSSE – BARBASTELLE – SEROTINE

SOLUTIONS : voir page 24.

ACTIVITÉ

Fabrique une concrétion !

IL TE FAUT :

- 1/2 litre d'eau
- 8 cuillerées à soupe de sel de cuisine
- 30 centimètres de ficelle un peu rigide
- 2 verres hauts (comme des verres à jus de fruits)
- 1 petite assiette
- 1 cuillère à soupe

1. Remplis d'eau les deux verres. Verse dans chacun 4 cuillerées à soupe de sel.

2. Avec la cuillère, remue jusqu'à ce que le sel soit entièrement dissous (cela prend plusieurs minutes).

3. Plie la ficelle de façon à former un M. Place chacune des extrémités dans un verre. Place la petite assiette entre les deux verres. La pointe du M doit se trouver au centre de l'assiette.

4. Pour obtenir une belle concrétion de cristaux de sel, il ne te reste plus qu'à attendre environ une semaine ! Vide tous les jours la petite assiette qui va se remplir d'eau.

INFO+

L'eau salée remonte lentement le long des « jambes » du M. C'est le phénomène de capillarité. Puis elle redescend vers le centre de la ficelle, d'où elle goutte. Chaque goutte dépose un peu de sel qui s'accumule lentement. C'est ce qui se produit dans les grottes, mais avec la calcite au lieu du sel !

RECETTE Tes sucettes en cristaux de sucre

IL TE FAUT :

- 380 grammes d'eau
- 1 kilogramme de sucre (en morceaux ou en poudre)
- 3 cuillerées à soupe de sucre en poudre
- Des colorants alimentaires
- 8 pics à brochettes
- 8 pinces à linge
- 8 verres hauts
- 1 casserole
- 1 assiette
- 1 cuillère
- Du film alimentaire

1 Fais chauffer l'eau dans la casserole. Ajoute le kilo de sucre en plusieurs fois, en remuant avec la cuillère jusqu'à ce qu'il soit dissous. Tu obtiens un sirop.

2 Mets le sucre restant dans une assiette. Mouille les pics à brochettes et roule-les dedans. Laisse sécher.

3 Verse le sirop dans les verres. Ajoute dans chacun un peu de colorant. Laisse refroidir.

4 Trempe les pics dans le sirop froid en les fixant avec une pince à linge. Ils ne doivent pas toucher le fond du verre ni les bords.

5 Place les verres dans un endroit où ils ne seront pas bougés. Couvre-les avec du film alimentaire.

6 Au bout de 3 jours, des cristaux apparaissent sur les pics, à la surface et au fond du verre.

7 Après une semaine, tes sucettes sont presque prêtes. Casse la pellicule de sucre formée à la surface. Vide les verres. Laisse tes sucettes s'égoutter et sécher toute une nuit. Régale-toi !

INFO+ *De minuscules particules de sucre se déplacent dans le sirop. Elles s'entrechoquent et se collent entre elles. C'est ainsi que se forment les cristaux ! Au fil du temps, l'eau s'évapore : comme ils ont de moins en moins de place pour bouger, les cristaux s'accumulent et grossissent.*

SOLUTIONS DU QUIZ

1C ; 2C ; 3A ; 4B ; 5C ; 6B ; 7A ; 8B ; 9C ; 10B.

SOLUTIONS DES JEUX

JEU 1 : 8.

JEU 2 : J'ai découvert une défense de mammouth !

JEU 3 : Voir ci-contre.

JEU 4 : Macaronis, Bénitiers.

JEU 5 : Pipistrelle.

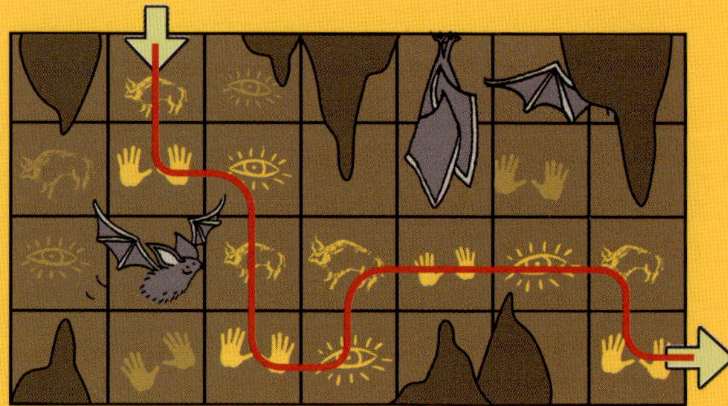

Aquatique (ici) : qui vit dans l'eau.

Calcite : matière minérale composée de carbonate de calcium présente dans le calcaire.

Cavité (ici) : espace creux à l'intérieur de la roche.

Concrétion (ici) : « sculpture » de pierre formée par l'agglomération de particules solides.

Dissoudre : faire fondre dans un liquide.

Évaporation : passage de l'état liquide à l'état gazeux.

Gaz carbonique : gaz composé d'oxygène et de carbone.

Mammifère : animal vertébré dont la femelle a des mamelles pour allaiter ses petits.

Translucide : qui laisse passer la lumière sans être totalement transparent.

Ultrason : son très aigu que l'oreille humaine ne perçoit pas.

CRÉDITS PHOTOS

1RE DE COUVERTURE : © Stock.adobe.com.
PAGE 5 : Grotte de Villars © DR; gouffre de Proumeyssac © Alain Francès.
PAGE 6 : Calcaire rose © Weft.
PAGE 7 : © Stock.adobe.com.
PAGE 8 : Draperies © Francis Guichard; excentriques © Les grottes de Maxange; triangles © Wikipedia/Semhur; Gours des grottes de Saint-Marcel d'Ardèche © Wikipedia CC-BY-2.0/Getfunky Paris fistuleuses © Martin Souday; perles des cavernes © DR.
PAGE 9 : Carte © 123rf.fr; Ammonite et fossile © Stock.adobe.com.
PAGES 10-11 : Grotte du Grand Roc © Wikipedia/Semhur; grotte de Villars © DR; grotte de la Cocalière © Stock.adobe.com grotte de Lacave © Stock.adobe.com; grottes de Maxange © Wikipedia CC-BY-SA 3.0.
PAGE 12 : Gouffre de La Fage © PhotosdeSébastienColpin; gouffre de Proumeyssac © Alain Francès; salle du Grand Dôme du gouffre de Padirac © JCI Leme.
PAGE 13 : Forêt vierge de l'aven Armand © Stock.adobe.com; fistuleuses © frenchcaves.com; champignons © SCMNE; réseau Rautely © SCMNE/Matthias; mont Marcou © SCMNE/Matthias; Pendeloque © JCI Leme.
PAGE 16 : © Francis Guichard.
PAGE 17 : © Spéléo-Club de Périgueux.

Directeur: Jean-Benoît Durand.
Textes: Audrey Saulières, Nathalie Lescaille, Estelle Vidard, Jean-Benoît Durand, Laura Legay, Élisabeth Durand-Colson, Claire Petit.
Corrections: Hélène Ganachaud
Direction artistique, maquette et iconographie: Gaëlle Queval, Virginie Guilbert, Valentine Asseman.
Illustrations: Gilles Lerouvillois (Couverture et pages documentaires), Sandrine Lemoult (mascotte).

2023, Éditions La Petite Boîte
www.lapetiteboite-edition.fr
3, rue aux Juifs – 76000 Rouen
Droits de traduction et de reproduction réservés pour tous les pays.

ISBN 978-2-36152-230-8
Loi 49-956 du 16 juillet 1949 sur les publications destinées à la jeunesse, modifiée par la loi n°2011-525 du 17 mai 2011.

03-2023, Dépôt légal 1re édition: mars 2020.
Imprimé en Bulgarie par Dedrax Printing.

Déjà parus dans la collection

LA FRANCE racontée aux enfants

HISTOIRE
- Menhirs et dolmens de Bretagne
- La Vie au temps des Romains (Normandie)
- Les Romains en Provence
- Les Romains en Lorraine
- Tes ancêtres les Vikings (Normandie)
- À la rencontre des cathares
- Les Ducs de Bourbon, quelle histoire ! (Auvergne)
- La Grande Aventure des corsaires bretons
- Aux armes, citoyens !
- Paris au temps de Napoléon Bonaparte
- Le *Titanic*, de Cherbourg au naufrage
- La Première Guerre mondiale et les batailles de l'Artois
- La Bataille de Verdun et la Première Guerre mondiale
- La Ligne Maginot et la Seconde Guerre mondiale
- L'Histoire du Débarquement
- La Bataille de Normandie
- La Résistance
- Il était une fois... la guerre de Cent Ans
- La Douane d'hier et d'aujourd'hui
- La Route du Grison, balade en Normandie médiévale
- Les Secrets de Sarlat, Beynac et la Roque-Gageac
- La Grande Aventure de la Compagnie des Indes

NATURE
- À la découverte du mont Blanc
- Au fil de la Seine normande
- Stalactites et stalagmites
- Les Volcans d'Auvergne
- Les Dinosaures (Normandie)
- Plantes et animaux des Alpes
- Les Animaux des côtes bretonnes
- Les Chevaux (Normandie)
- Tout sur la cigogne !
- Bienvenue chez les crocos !
- Au pays des reptiles
- À l'aise, la charolaise !
- Quelle vache, la salers !
- Tout sur la vache normande !
- Dans les coulisses du zoo de Cerza
- Les Secrets de Belle-Île-en-Mer
- Cap sur l'île de Ré
- La Loire, des îles et des Hommes
- Bienvenue au volcan de Lemptégy !
- Les Secrets de la Grotte de Choranche
- Au fil du Rhône

SITES ET MONUMENTS
- Les Mystères de Lascaux
- Le Roc-aux-Sorciers
- Le Gouffre de Padirac
- La Roque Saint-Christophe
- Le Pont du Gard
- Il était une fois... les Baux-de-Provence
- Les Secrets du Mont-Saint-Michel
- Château-Gaillard et Richard Cœur de Lion
- L'Abbaye de Montivilliers
- Les Secrets de la basilique de Vézelay
- L'Abbaye Saint-Georges de Boscherville
- Les Mystères de la cathédrale de Rouen
- Le Château de Robert le Diable
- La Cathédrale de Bayeux
- Le Château de Castelnaud au Moyen Âge
- Les Mystères de Rocamadour
- Le Domaine d'Harcourt
- Le Château du Haut-Kœnigsbourg
- Les Secrets du palais des Papes
- Il était une fois... les Hospices de Beaune
- Les Châteaux de la Loire
- Les Mystères de Chenonceau
- Le Château royal de Blois
- Les Fortifications Vauban
- Les Secrets des beffrois (Nord-Pas-de-Calais)
- Il était une fois... la tour Eiffel
- Le Château de Vascœuil
- Le Gros-Horloge de Rouen
- Les Secrets des Roches de Solutré, Pouilly et Vergisson
- À l'assaut de Fort La Latte
- Les Trésors du Parc national du Mercantour
- Il était une fois... le château de Duras
- Voyage au cœur du Champ de Bataille
- Il était une fois... le château de Maintenon
- Bienvenue à bord du *Maillé-Brézé*
- Les Secrets du château de Maulnes
- Bienvenue au château de La Roche-Guyon
- Les Secrets de la grotte du Mas-d'Azil
- Sur les pas des archéologues à Bibracte
- À la découverte du château de Tarascon
- Il était une fois... le château de Fontaine-Henry
- À la découverte du Donjon de Bours
- Les Secrets de la Grotte de Niaux
- Il était une fois... le château de Foix

PERSONNAGES
- Vercingétorix
- Guillaume le Conquérant (Normandie)
- L'Histoire de Jeanne d'Arc (Normandie)
- Jeanne d'Arc la petite Lorraine
- À la rencontre de François Ier
- Léonard de Vinci
- Monet et les impressionnistes

VILLES
- Les Secrets de Dieppe
- Les Mystères de Rouen au Moyen Âge
- Parthenay au Moyen Âge
- Provins au Moyen Âge
- Cap sur Étretat !
- Le Havre : une architecture audacieuse
- Thouars, quelle histoire !
- Il était une fois... Châlons-en-Champagne
- Il était une fois... Laon
- Cap sur Concarneau
- Il était une fois... Fréjus
- Il était une fois... Autun
- Il était une fois... Confolens et Saint-Germain
- Balade au cœur de Fécamp
- Les Secrets de Carnac
- Au cœur de la cité souterraine de Naours

SAVOIR-FAIRE ET TRADITIONS
- Les Traditions d'Alsace
- Les Climats de Bourgogne, une mosaïque de vignes
- La Bretagne, terre de légendes
- Les Grands Navigateurs bretons
- Le Fer, quelle histoire ! (Lorraine)
- Au cœur des mines de charbon du Nord-Pas-de-Calais
- Les Bateaux de Normandie
- La Grande Aventure des terre-neuvas
- Tes légendes de Normandie
- Paysans en 1900 (Poitou-Charentes)
- La Grande Aventure des compagnons (Val de Loire)
- La Magie du verre dans les Vosges du Nord
- La Musique mécanique
- De la bauxite à l'aluminium
- À la découverte du salin d'Aigues-Mortes
- Les Secrets de la dentelle d'Argentan
- Les Secrets des fromages normands
- La Grande Aventure de la toile de Jouy
- De l'eau des glaciers à l'hydroélectricité
- Balade au pays du sel de Guérande
- La Dentelle au point d'Alençon
- À la découverte des lunettes
- Les Toiles peintes de Bourgoin-Jallieu
- À la découverte des peintres de Barbizon
- Les Secrets de l'or blanc
- À la rencontre des peintres de Pont-Aven
- Bienvenue dans le monde des jouets !
- Voyage au cœur de la Mine Bleue
- À la découverte des Salines de Dieuze

RÉGIONS
- Bienvenue en Franche-Comté !
- Bienvenue en Auvergne !
- Bienvenue en Normandie !
- Bienvenue en Alsace !

SPORT
- Au pays du rugby (Sud-Ouest)
- Le Ski, quelle aventure ! (Alpes)

RECETTES
- Tes 1res recettes des Alpes
- Tes 1res recettes alsaciennes
- Tes 1res recettes auvergnates
- Tes 1res recettes bourguignonnes
- Tes 1res recettes bretonnes
- Tes 1res recettes ch'tis
- Tes 1res recettes lorraines
- Tes 1res recettes normandes, vol. 1
- Tes 1res recettes normandes, vol. 2
- Tes 1res recettes périgourdines
- Tes 1res recettes du Poitou-Charentes
- Tes 1res recettes provençales
- Tes 1res recettes du Sud-Ouest
- Tes 1res recettes du Val de Loire
- Tes 1res recettes du Languedoc-Roussillon

JEUX DES 7 FAMILLES

Régions de France
- Les Trésors des Alpes
- Les Trésors de l'Alsace
- Les Trésors de l'Auvergne
- Les Trésors de la Bourgogne
- Les Trésors de la Bretagne
- Les Légendes bretonnes
- Les Trésors du Languedoc-Roussillon
- Le Nord et ses trésors
- Les Trésors de la Normandie
- Les Trésors de Paris
- Les Trésors du Périgord
- Les Trésors de la Provence
- Les Trésors du Sud-Ouest
- Les Trésors du Val de Loire
- Les Trésors de la Vendée

Thématiques
- La Préhistoire
- L'Antiquité
- Le Moyen Âge
- La Renaissance
- La Révolution française
- La Première Guerre mondiale
- La Seconde Guerre mondiale
- Les Volcans
- Le Gouffre de Padirac et ses explorateurs
- Monet et Giverny
- Le Mont-Saint-Michel
- Les Grottes
- Le Tri des déchets
- Les Animaux marins
- Les Forts de l'Esseillon

POSTERS COLORIAGES
- L'Alsace
- L'Auvergne
- La Bourgogne
- Le Nord
- La Normandie
- La Vendée
- Le Débarquement

LIVRE-COCOTTES
- Les Rois de France

TATOUAGES ÉPHÉMÈRES
- La Préhistoire
- L'Antiquité
- Le Moyen Âge
- L'Alsace
- La Bretagne
- Le Nord
- La Normandie

Pour en savoir plus :

WWW.LAPETITEBOITE-EDITION.FR

LA petite BOÎTE